오귀스트 로댕

베네딕트 르 로아러 글 · 피에르 반 호브 그림 | 이세진 옮김

비룡소

1840년

수줍음 많은 아이

오귀스트 로댕은 1840년 11월 12일 프랑스 **파리**에서 태어났어요.

오귀스트네 가족은 부유하지 않았지만 서로 무척 사이가 좋았어요.

오귀스트는 세 남매 중 둘째였지요. 위로 누나 마리아가, 아래로는 여동생 안나가 있었어요.

오귀스트는 수줍음이 많았지만 상상력이 뛰어난 아이였어요.

그림 그리기를 아주 좋아했고요! 오귀스트는 엄마가 장을 보고 올 때면 신났어요.

가게에서 엄마가 산 음식 재료들을 신문지나 잡지를 찢어 둘둘 싸 줬거든요.

오귀스트는 신문이나 잡지에 실린 여러 가지 그림을 따라 그리곤 했어요.

오귀스트는 공부에 그다지 관심이 없었어요. 아무도 몰랐지만 눈이 무척 나빴거든요. 칠판 글씨가 잘 안 보여서 수업에 집중할 수 없었는지도 몰라요. 수업 때도 오귀스트는 공책에 빼곡하니 그림만 그리는 아이였어요.

1854년

그림 그리는 건 즐거워!

열네 살이 되던 해, 오귀스트는 그림 그리는 사람이 되기로 마음먹었어요!
하지만 아버지는 먹고살기 힘들다는 이유로 반대했어요.
오귀스트는 어머니와 누나의 도움으로 겨우 아버지의 마음을 돌렸어요.
그리고 생활에 쓰는 장식이나 디자인 등을 배울 수 있는
자그마한 응용 미술 학교에 들어갔어요.

오귀스트는 행복했어요! 화가인 **부아보드랑** 선생님에게 그림 그리는 법을 배웠거든요.
그는 미술관에 가서 고대 조각상과 그림도 열심히 그렸어요.

6

오귀스트는 자연사 박물관이나 말을 파는 곳에 가서 **동물**을 그리기도 했어요.
그러면서 그리려는 대상을 모든 방향에서 관찰하는 연습을 할 수 있었지요.
밤에 그림을 그릴 때, 낮에 보았던 모습을 떠올려 표현하는 법도 익혔어요.

1857년

손재주가 좋은 학생

오귀스트는 그림 그리는 실력이 훌쩍 늘었어요. 열다섯 살에는 상도 많이 탔지요!
하지만 어느 날 우연히 수업을 듣고 **조각***에 푹 빠졌어요!

그때부터 오귀스트는 이 새로운 흥밋거리에 시간을 모두 쏟았어요.
그는 **손재주**가 좋아서 금세 머리나 손발의 모양을 빚을 수 있었어요.
오귀스트가 빚은 것들은 꼭 진짜처럼 보였지요!

선생님과 친구들은 오귀스트의 솜씨에 혀를 내둘렀어요.
다들 오귀스트에게 국립 미술 학교에 들어가라고 했지요.

하지만 오귀스트는 입학시험에 세 번이나 떨어졌어요!
친구의 얼굴을 생생하게 표현한 조각상이 심사 위원들의 취향에 맞지 않았거든요.
심사 위원들은 신화나 성경 같은 격식을 갖춘 전통적인 주제의 조각을 좋아했어요.

1860년

모델이 없는 조각가

오귀스트는 실망하지 않았어요.
그는 유명한 조각가들 밑에서 일하기로 했어요.
돈도 벌고, 일도 배울 수 있었지요!

당시에는 조각가들이 일할 자리가 많았어요.
파리에 아름답게 꾸며야 할 건물이 많았거든요!

오귀스트는 저녁에 집으로 돌아오면 혼자서 자기 작품을 만들었어요.
모델*을 쓸 형편이 안되어 **가족**에게 포즈를 잡아 달라고 부탁했어요.

이 무렵 오귀스트 로댕이 만든 조각상이야. 그는 이 작품에서 아버지의 머리부터 어깨까지만 표현했어.

곧은 콧날과 엄격한 눈매는 오귀스트 로댕이 연구했던 고대 조각상 속 로마 황제들과 비슷해!

「장 바티스트 로댕」
1860년, 석고, 41.7×29.4×24.3cm, 로댕 미술관, 프랑스 파리

1862년

수도원에서 얻은 선사

오귀스트가 스물두 살 때 안타까운 일이 생겼어요. 사랑하는 누나가 수도원에서 병에 걸려 세상을 떠난 거예요. 슬픔에 빠진 오귀스트는 아픔을 달래기 위해 **수도원**으로 들어갔어요.

오귀스트는 수도원에서 예마르 신부의 얼굴을 조각으로 만들었어요. 이 작품을 본 예마르 신부는 조각가를 포기하기에 재능이 너무 아깝다고 생각해 오귀스트를 설득했지요.

오귀스트는 파리의 작업 현장으로 돌아가 처음으로 자신의 작업실을 마련했어요. 그는 이름이 알려지지 않은 조각가였어요. 그래서 작업실을 빌리고 남은 돈으로 겨우 먹고살았지요.

스물네 살이 된 오귀스트는 세탁소에서 옷 고치는 일을 하는 **로즈 뵈레**를 만나 사랑에 빠졌어요.
로즈는 오귀스트와 함께 살면서 그가 가장 좋아하는 모델이 되었어요.

1864년

파리에서 유행하는 조각상

오귀스트는 돈을 벌 생각에 이름난 조각가 **카리에 벨뢰즈** 밑으로 들어갔어요. 카리에 벨뢰즈는 주문이 너무 많아 감당 못 할 지경이었어요. 커다란 작업장에 조수 수십 명을 두고 큼직한 장식용 조각이나 유행하는 작은 조각상을 만들었지요.

오귀스트는 그곳에서 아기 천사나 고대 여신 조각상, 꽃 장식이 된 흉상*을 만들었어요. 카리에 벨뢰즈는 오귀스트가 만든 조각에 자기 이름을 새겨 팔았지요. 오귀스트는 조각들이 날개 돋친 듯 팔리는 것을 보고 자기도 만들어 팔아야겠다고 생각했어요.

아름다운 여인이 쓴 모자에 달린 꽃 장식을 봐. 오귀스트 로댕도 이렇게 장식을 많이 넣을 줄 아는 조각가라고.

파리에서는 이런 작은 조각상이 인기 있었어. 돈 많은 사람들이 집을 화려하게 꾸밀 때 찾았지.

「꽃 장식 모자를 쓴 젊은 여인」
1865-1870년, 석고, 69×36×31cm, 개인 소장

1864년

전시회에 도전!

오귀스트는 남을 위해 조각을 만드는 게 지겨워졌어요!
하지만 예술가로 이름을 알리려면 **살롱전***에 작품을 선보여야 했어요.
살롱전은 해마다 가장 훌륭한 그림과 조각을 뽑아서 발표한 뒤,
살롱에서 여는 대형 전시회였어요. 많은 사람들이 그 전시를 구경했지요.

스물네 살이 된 오귀스트는 어느 노인의 얼굴을 만들어
살롱전에 도전하기로 했어요. 하지만 작업실이 너무 춥고 습한 나머지,
조각이 꽁꽁 얼었다가 깨져 버렸어요!

오귀스트 로댕이 만든 남자의 이름은 비비야. 같은 동네에 살았는데, 가난하고 힘들게 살아 온 노인이었지.

그는 비비를 고대 철학자처럼 표현했어. 점잖은 눈빛에 이마에는 주름이 잡힌 모습이었지. 하지만 이 작품은 살롱전에 뽑히지 못했어. 심사 위원들은 이 조각이 지나치게 사실적인 데다가 완성되지 않았다고 생각했어.

「코가 부러진 남자」
1864년, 석고, 32.4×19.3×17.8cm, 로댕 미술관, 프랑스 파리

1875년

완벽한 조각이 불러온 오해

서른 살에 오귀스트는 프랑스가 벌인 전쟁에 나갔다가 돌아오는 길에 벨기에로 갔어요. 그리고 벨기에의 수도 브뤼셀에 있는 카리에 벨뢰즈의 작업장에서 몇 년 동안 일했어요.

1875년에는 이탈리아로 여행을 가서 **미켈란젤로**의 작품을 직접 보았지요. 오귀스트는 자신이 가장 좋아하는 조각가가 만든 작품에 푹 빠졌어요. 특히 힘이 넘치도록 표현된 근육의 모습에 사로잡혔지요.

오귀스트는 영감을 얻어 살롱전에 도전할 멋진 조각을 완성했어요.

이 훌륭한 작품은 심사를 통과했지만 금세 떠들썩한 소란을 몰고 왔어요.

조각의 근육이 어찌나 섬세하고 완벽했는지, 오귀스트가 실제 사람 몸에 흙을 붙여 본떴다는 말이 나왔거든요! 사람들은 그가 **속임수**를 썼다고 생각했지요.

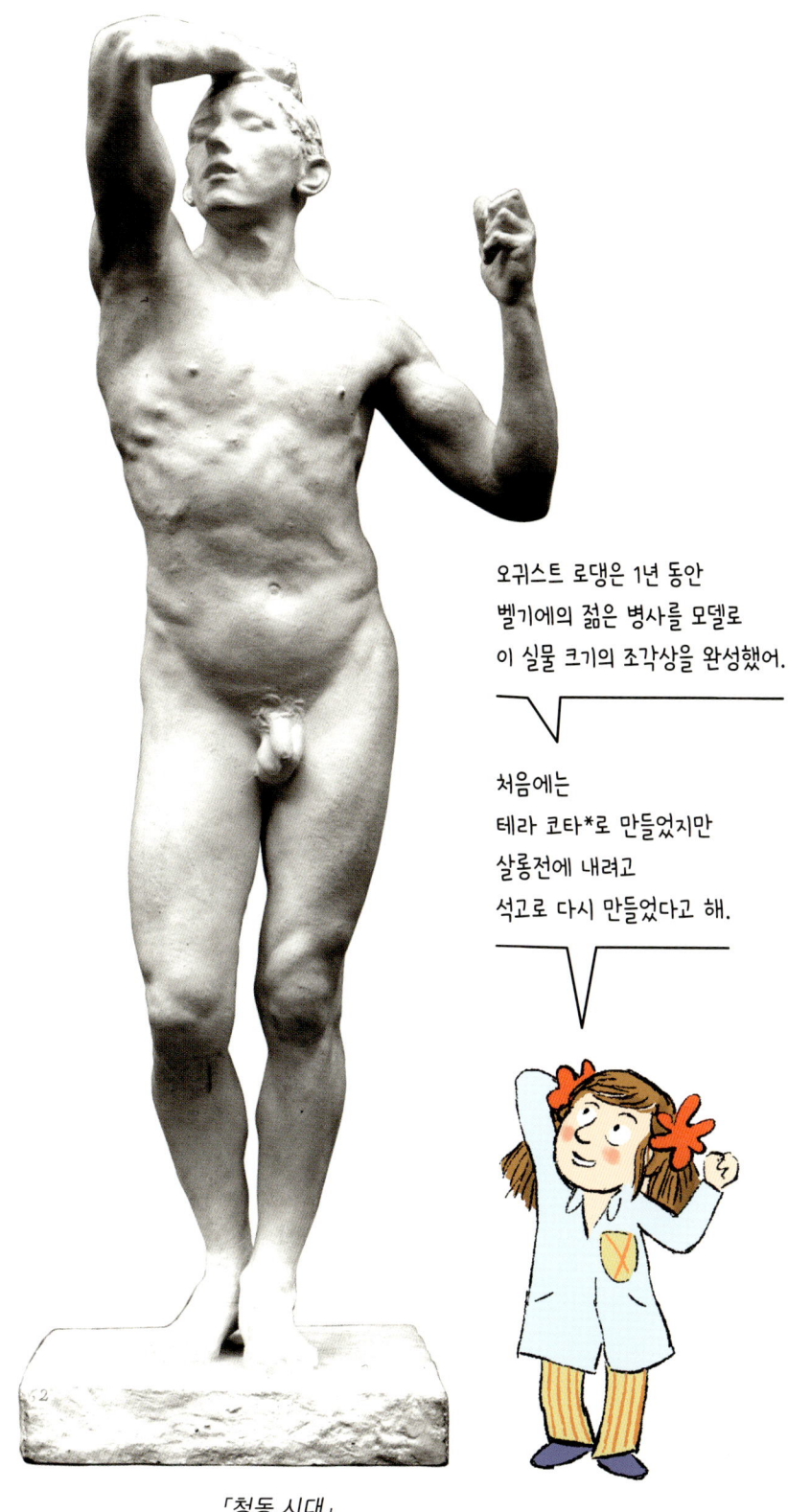

오귀스트 로댕은 1년 동안 벨기에의 젊은 병사를 모델로 이 실물 크기의 조각상을 완성했어.

처음에는 테라 코타*로 만들었지만 살롱전에 내려고 석고로 다시 만들었다고 해.

「청동 시대」
1877년, 석고, 183×68.5×61cm, 원본 석고는 파괴된 것으로 추정

1878년

오귀스트는 **파리**로 돌아왔어요. 그리고 1878년에 자신이 진짜로 재능 있다는 걸 보여 주려고 실물보다 훨씬 큰 조각상을 만들었어요. 그럼 사람 몸을 실제로 본떴다는 헛소문이 잠잠해질 테니까요.

사람들은 다시 한번 오귀스트가 만든 작품에 빠져들었어요. 이제 오귀스트가 속임수를 썼을 거라는 말은 쏙 들어갔지요. 오귀스트는 마침내 **재능**을 인정받았어요!

오귀스트 로댕이 만든 인물상은
자세가 아주 자연스러워서
살아 숨 쉬는 것 같아!
그는 미술 학교에서 가르치는
전통적이고 뻣뻣한 자세를 싫어했어.
몸의 움직임을 잘 잡아내기 위해
모델이 자유롭게 포즈 취하는 걸 좋아했어.

「세례 요한」
1880년, 석고, 204×74×125cm, 로댕 미술관, 프랑스 파리

1880년

지옥에서 생각한 문

오귀스트는 마흔 살에야 유명해졌어요. 프랑스 정부로부터 대형 작업도 의뢰받았지요.
당시에는 유명한 조각가라면 청동으로 작품을 만들어야 했어요.
오귀스트도 마찬가지였죠!

프랑스 정부는 오귀스트에게 미술관에 설치할 문을 의뢰하고, 커다란 작업장을
빌려주었어요. 오귀스트는 자신이 좋아하는 문학 작품인 『신곡』*에 묘사된 지옥을
표현하겠다고 마음먹었지요. 그를 사로잡은 이 작업은 20년 넘게 이어졌어요!

「지옥의 문」
1880-1917년, 석고, 529×396×118cm,
로댕 미술관, 프랑스 파리

「생각하는 사람」
1902-1904년, 청동, 200.7×130.2×140.3cm,
로댕 미술관, 미국 필라델피아

「지옥의 문」에는 인물이 200명 이상 조각되어 있어. 그중 몇몇을 크게 만들었는데 훗날 오귀스트 로댕의 대표작이 되었지. 「생각하는 사람」도 높이 70센티를 2미터로 키웠어. 그 조각상은 자신을 돌아보는 사람의 상징이 되었어. 「지옥의 문」 가운데에도 「생각하는 사람」이 있는 거 보이지?

1882년

점점 더 유명해지다!

「지옥의 문」으로 오귀스트는 더 널리 이름을 알렸어요. 이제 그는 경험이 많은 장인의 손을 빌려야 했어요. 장인들에게 자신이 만든 조각 원본을 틀로 써서 석고, 대리석, 청동 조각을 여러 점 만들게 했어요.
오귀스트는 점점 더 유명해졌지요!

그러자 오귀스트에게 조각을 배우려는 사람들도 늘어났어요.
마흔세 살이 된 오귀스트는 젊은 조각가 카미유 클로델을 가르치게 되었어요.
재능이 뛰어난 카미유 클로델은 금세 오귀스트에게 영감을 주는 존재가 되었지요.

이 한 쌍의 연인은
원래 「지옥의 문」에
작은 크기로 들어가 있었어.

사실 오귀스트 로댕은 자기 작품에
제목을 잘 붙이지 않았어.
「키스」도 이 작품에
푹 빠진 사람들이 붙인 거야.

「키스」
1888-1898년, 대리석, 181.5×112.5×117cm, 로댕 미술관, 프랑스 파리

1883년

위대한 시인에게 바치는 조각

1880년대에 오귀스트는 일에 미친 듯이 매달렸어요! 「지옥의 문」 말고도 화가, 조각가, 시인, 소설가, 장관 같은 사람들의 얼굴로 조각을 수십 점이나 만들었지요.

오귀스트는 흙으로 본뜨기 전에 모델의 마음을 들여다보기 위해 오랫동안 관찰하고 보이는 각도마다 얼굴을 그렸어요. 하지만 **빅토르 위고*** 같은 사람들은 모델로 서는 일을 거절했어요. 그럴 때 오귀스트는 핑계를 대며 빅토르 위고의 집을 방문해 조그만 종이에 재빨리 얼굴을 그리곤 했지요.

오귀스트 로댕은 시를 좋아했어.
그래서 위대한 시인에게
존경의 의미로 이 흉상을 바쳤지!

그는 테라 코타로 만든 원본을
바탕으로 청동 조각을 만들었어.
테라 코타 원본으로 석고 틀을
만든 뒤, 거기에 액체 상태의
뜨거운 청동을 붓고 식히는 거지.

「빅토르 위고」
1883년, 청동, 48.5×29×30.5cm, 로댕 미술관, 프랑스 파리

1888년

풍같은 사랑에 빠지다

오귀스트는 **카미유 클로델**과 불같은 사랑에 빠졌어요!
카미유 클로델 또한 조각가였기에 오귀스트를 완벽하게 이해했지요.
두 사람은 함께 조각에 열정을 쏟았어요.

오귀스트는 조각에 재능이 뛰어난 카미유 클로델을 작업장 조수로 뽑았어요. 카미유 클로델의 솜씨가 어찌나 좋았던지 오귀스트가 인체 조각에서 가장 작업이 까다롭고 섬세한 손과 발 부분을 맡길 정도였지요! 오귀스트는 카미유 클로델에게 영감을 얻어 아름다운 여성 조각들을 만들었어요.

오귀스트 로댕은 모델인 카미유 클로델의 순수한 얼굴을 강조하려고 커다란 대리석을 그냥 남겨 뒀어. 마치 돌덩어리에서 얼굴이 솟아오른 것 같지 않니? 끝내지 않았다는 뜻으로 '논 피니토'라고 부르는 이 효과는 지금 봐도 세련됐어!

「사유」
1900-1901년, 대리석, 74×43.4×46.1cm, 로댕 미술관, 미국 필라델피아

1889년

클로드 모네와 나란히!

쉰 살을 바라볼 무렵에 오귀스트는 아주 영광스러운 자리에 서게 됐어요. 인상파*를 대표하는 화가 **클로드 모네**와 나란히 작품을 전시하게 됐거든요! 세계 여러 나라가 참가해 각국의 물건을 전시하는 만국 박람회가 열리는 동안, 전 세계 사람들이 두 예술가의 **천재적인 작품**을 보러 파리에 몰려들었어요.

'다나이드'는 지옥에서 영원히 밑 빠진 독에
물을 채우는 벌을 받은 신화 속 여성이야.
오귀스트 로댕은 여성의 몸을 즐겨 조각했어.
이 조각은 만져 보고 싶을 정도로
살결이 매끄럽고 부드러워 보여.

「다나이드」는 금세 성공을 거뒀어.
이 작품도 처음에는
「지옥의 문」을 위해 만들었다가
조각을 떼어 내 크기만 키웠지.
결국 오귀스트 로댕은 이 조각을
「지옥의 문」에 넣지 않았어.

「다나이드」
1889년, 대리석, 33×48.3×63.5cm, 로댕 미술관, 미국 필라델피아

1895년

칼레의 용감한 시민

1895년에 오귀스트는 프랑스 북부에 있는 항구 도시 **칼레**로 갔어요. 11년 전 오귀스트에게 맡긴 작품이 설치되는 걸 보려고 도시 전체가 그를 애타게 기다렸거든요.
오귀스트는 약 450년 전에 도시 전체를 구하려고 용감하게 자신을 희생한 시민 여섯 명을 기념하는 조각상을 만들었어요.

오귀스트는 용감한 시민들의 이야기에 감동해 작업에 열정을 불태웠어요.
조각 속 사람들이 짓는 다양한 표정은 조각에 풍부한 감정을 불어넣었지요.
아주 인상적인 작품이었어요!

오귀스트 로댕은 여섯 명을 따로따로 빚은 후, 나중에 조각 하나로 합쳤어. 목에 밧줄을 걸고 맨발로 선 사람들은 함께 죽음으로 향하고 있지만 용기, 두려움, 절망 등 서로 다른 감정을 보이고 있지. 이 조각상은 전 세계에 12점 남아 있어.

「칼레의 시민」
1884-1889년, 청동, 217×255×197cm, 로댕 미술관, 프랑스 파리

1898년

잠옷 입은 설가

도전을 좋아하는 오귀스트는 이미 죽은 **오노레 드 발자크*** 조각을 만들기로 했어요. 이 작업에 열심히 매달렸고, 소설가의 모습을 있는 그대로 보여 주기로 마음 먹었지요.
하지만 공개된 작품은 소란을 몰고 왔어요!
로댕은 어떻게 이 위대한 작가를 잠옷 차림으로 표현할 생각을 했을까요?

로댕은 의욕을 완전히 잃어버렸어요. 세상이 자기 작품을 이해하지 못한다고 느꼈지요.
게다가 그는 자신을 가장 잘 알아주던 카미유 클로델과도 결국 헤어졌어요.

실제로 발자크는 집에서 잠옷 차림으로 글을 썼다고 해. 오귀스트 로댕은 인물을 사실 그대로 표현하고 싶었던 거야.

그는 자신이 바라보는 발자크를 표현하려고 얼굴의 생김새와 몸의 형태만 남겨 조각을 단순하게 만들었어. 위인을 기념하는 조각을 이렇게 만든 건 처음이었지!

「발자크(마지막 습작)」
1897년, 석고, 109×44×41cm, 로댕 미술관, 프랑스 파리

2000년대

조각에 가장 큰 영향을 남긴 천재

1900년대에 오귀스트 로댕은 시대를 통틀어 가장 훌륭한 조각가로 소문나 있었어요. 1917년에 세상을 떠날 때까지 그가 만든 조각과 1만 점도 넘는 데생*이 전 세계를 돌며 전시되었지요.

천재 조각가 로댕은 과거의 규칙에서 벗어났어요. 그가 잡아내어 조각으로 만든 몸의 움직임은 인간의 감정을 고스란히 드러냈어요. 로댕이 빚은 생명력 넘치는 흉상, 돌덩어리에서 솟아난 듯한 인물 조각을 보면 현대 조각의 싹을 볼 수 있어요.

지금도 수많은 예술가가 오귀스트 로댕의 조각을 보면서 **감정을 전하려면 형태를 자유로이 빚어내야 한다**는 것을 배우고 있어요!

2000년대

오귀스트 로댕의 작품을 볼 수 있는 곳

오귀스트 로댕의 작품은 워낙 인기가 많았기 때문에 원본 틀로 조각을 여러 점 찍어 냈어요! 그래서 유럽, 아시아, 아메리카 등 세계 곳곳에서 오귀스트 로댕의 작품을 볼 수 있지요. 미술관뿐 아니라 공원이나 거리에서도 그의 조각을 볼 수 있어요.

프랑스 파리에 있는 오르세 미술관 안에는 석고로 만든 「지옥의 문」 원본과 몇몇 작품이 전시되어 있어요. 더 많은 작품을 보고 싶다면 로댕이 죽기 전까지 지내던 비롱 저택을 고쳐 만든 파리 로댕 미술관으로 가면 돼요.

파리 근처의 뫼동에도 로댕 미술관이 있어요. 오귀스트 로댕이 10년 동안 쓰던 작업실을 보면 그가 조각을 어떻게 만들었는지 알 수 있어요.